AF248163

25 JUIN 1836.

DISCOURS

ADRESSÉS AU ROI,

ET

RÉPONSES DE SA MAJESTÉ.

Paris.

IMPRIMERIE ET FONDERIE DE FAIN,
RUE RACINE, 4.

1836.

25 JUIN 1836.

DISCOURS

ADRESSÉS AU ROI,

ET

RÉPONSES DE SA MAJESTÉ.

DISCOURS DE M. LE BARON PASQUIER,
PRÉSIDENT DE LA CHAMBRE DES PAIRS.

SIRE,

Les sentiments de la Chambre des Pairs vous sont connus, et vous n'avez pas besoin, pour y croire, que l'hommage vous en soit renouvelé; mais les Pairs de France se manqueraient à eux-mêmes si on ne les voyait pas en ce jour se presser autour de votre personne sacrée.

La Providence vous a encore une fois préservé; la Providence protége la France : grâces lui soient rendues! La justice du ciel vient donc en aide à celle de la terre; celle-ci fera son devoir; et puisse-t-elle n'avoir à reconnaître, dans le crime atroce qu'il lui appartient de poursuivre, que le fanatisme aveugle d'un scélérat isolé!

Je m'arrête, Sire ; quand les émotions sont si vives,
si partagées, peu de paroles suffisent pour les exprimer.
Votre cœur comprend les nôtres ; et votre auguste, votre
si chère, si éprouvée compagne, toute cette noble famille
dont vous êtes entouré, nous accordent certainement la
même justice ; il n'en fut jamais de plus méritée.

RÉPONSE DU ROI.

La Chambre des Pairs connaît la confiance que
j'ai toujours placée dans les sentiments dont elle
m'a donné tant de preuves, et pour moi-même,
et pour ma famille. J'aime à la remercier aujour-
d'hui de ceux dont elle m'apporte la pénible expression. Si la circonstance qui vous rassemble
autour de moi est aussi affligeante, cependant j'é-
prouve une grande consolation en recevant de
vous cette nouvelle assurance que vous m'aiderez,
comme vous l'avez fait par le passé, à défendre nos
lois, nos libertés, à garantir le maintien de nos
institutions, et à répondre par-là à l'attente de la
France, qui m'en a confié la garde. C'est parce que
j'ai réussi à conserver intact ce précieux dépôt,
que je suis en butte aux balles des assassins ; c'est
parce qu'ils savent qu'on ne peut me l'arracher
qu'avec la vie, que ceux qui rêvent le renverse-
ment de l'ordre social, le bouleversement de l'Etat
et celui de l'Europe, voient en moi un obstacle
insurmontable au succès de leurs sinistres desseins.
Je vois, Messieurs, avec une bien douce satisfaction

que ces odieuses tentatives ne font que resserrer
l'union qui subsiste si heureusement entre les grands
corps de l'Etat. Ma confiance en vous est entière,
j'aime à vous le répéter, et à vous remercier de
nouveau des sentiments que vous me témoignez.

DISCOURS DE M. DUPIN,
PRÉSIDENT DE LA CHAMBRE DES DÉPUTÉS.

Sire,

La Chambre et le pays sont profondément indignés,
mais la confiance publique n'est point ébranlée. Nous la
plaçons hautement, Sire, dans la personne de Votre
Majesté, qui semble n'être exposée à de telles épreuves
que pour faire éclater, aux yeux d'une nation amie du
vrai courage, cette magnanimité qui distingue si éminem-
ment le Roi des Français.

Sire, quand votre tête auguste devient le point de mire
des assassins, chacun de nous voudrait vous faire un rempart de son corps. Les factieux attaquent dans le Roi le
principe vivant d'ordre et de paix auquel est attaché le
salut de la patrie. Ce principe, nous le défendrons en
nous serrant plus intimement encore autour de cette dy-
nastie que la France n'a élevée sur le trône que parce
qu'elle l'a jugée digne de consolider la révolution de
Juillet.

Sire, les ennemis du repos public étaient trop affligés
de voir comment, sous le Gouvernement loyal de Votre

Majesté, tout s'affermit au sein d'une prospérité qui tient du prodige. Il fallait essayer d'en arrêter le cours! Un fanatique a conçu l'atroce pensée d'un nouveau crime; mais une main invisible a détourné le coup! Espérons qu'une administration ferme et vigilante saura tarir la source de ces funestes attentats. Comptez aussi sur la Chambre, Sire : les députés absents ne démentiront pas ceux qui sont présents; tous sont unanimes pour détester de tels forfaits, tous voudront en conjurer le retour.

Aux plus vives douleurs, à ces jours d'anxiété réservés quelquefois aux âmes les plus tendres et les plus généreuses, la Providence sait aussi ménager des compensations! Notre excellente Reine les trouvera dans l'affection de tout un peuple, dans l'amour si vrai que nous portons à sa famille : bientôt ses fils lui seront rendus! sur leur passage éclateront partout les sentiments qui nous animent; ils traverseront la France aux cris répétés de *vive le Roi!*

RÉPONSE DU ROI.

Je suis plus ému que je ne puis l'exprimer des sentiments que vous me témoignez; vous m'avez habitué à en recevoir l'expression dans des occasions semblables et bien douloureuses. Mais j'ai besoin de vous dire à quel point vous pénétrez mon cœur, combien il éprouve de consolation et de confiance. Oui, Messieurs, c'est avec votre appui, c'est avec le concours que je trouve en vous pour combattre les factions, que nous préviendrons le retour de ces déplorables attentats; ils ne m'importeraient guère s'il ne s'agissait que de moi; mais c'est la France qu'on attaque en moi, comme l'a dit votre président; c'est l'ordre social, ce sont nos lois.... (Ici S. M. est interrompue par une acclamation générale, et la salle retentit des cris de *vive le Roi !*).... Vous m'assisterez, Messieurs.... (Oui ! oui ! tous! tous! s'écrient MM. les députés avec un élan qu'il est impossible de rendre.)..... Vous savez que je reste à mon poste, quel que soit le danger; que mon dévouement pour la France ne connaît point de bornes, et que je suis toujours prêt à périr sur la brèche pour défendre ce que la France m'a confié, et ce que je lui ai juré de garder..... (Les cris de *vive le Roi !* éclatent de nouveau avec une vivacité et un enthousiasme au-dessus de toute expression.)..... Je ne puis assez vous répéter combien je suis touché de vos sentiments; je vous en remercie, au nom de la Reine et de ma famille. Vous concevez les sensations qu'elle a dû éprouver dans ce terrible moment ! Lorsque la détonnation s'est fait entendre, la Reine était placée dans le fond de ma voiture, en face de moi, à côté de ma sœur ! Après un tel ébranlement, elles avoient besoin, l'une et l'autre, des consolations que vous leur apportez. Il n'en est point de plus douce pour nous que la manifestation des sentiments dont vous m'entourez. J'en suis pénétré, et le souvenir ne s'en effacera jamais de mon cœur, ni de celui de tous les miens.

Ces paroles, que le Roi a prononcées avec une grande émotion, sont suivies de nouvelles acclamations.

DISCOURS DE M. LE MARÉCHAL COMTE DE LOBAU,
COMMANDANT EN CHEF DE LA GARDE NATIONALE.

SIRE,

C'est dans une circonstance pénible que nous venons reproduire à Votre Majesté l'hommage de nos vœux pour sa conservation, et l'assurance de notre dévouement aussi sincère qu'illimité. La garde nationale de la Seine, dans la prospérité comme dans l'adversité, sera toujours digne de la nation, du Roi qu'elle s'est donné et digne de ses précédents.

Nous vouons à l'exécration l'assassin qui a osé attenter aux jours du Roi que la fortune de la France nous gardera, et nous regretterions peu l'existence, si, de nos corps, nous pouvions former un rempart qui couvrît Votre Majesté.

La Reine et la famille royale sont pénétrées de nos sentiments de vénération et d'affection; nous eussions été heureux que des motifs moins affligeants nous eussent permis de les leur réitérer.

Vive le Roi!

RÉPONSE DU ROI.

Je vous remercie, mon cher maréchal, je remercie la garde nationale de l'attachement et du dévouement dont elle me donne aujourd'hui une nouvelle preuve qui m'est bien chère. Mon cœur est pénétré des sentiments que vous venez de me manifester pour la Reine et pour ma famille. Vous pouvez imaginer et sentir tout ce qu'elle a souffert, ainsi que ma sœur, en se trouvant ,auprès de moi dans cette déplorable circonstance ; et la meilleure consolation qu'elles puissent recevoir, c'est d'entendre l'expression des sentiments dont nous sommes entourés. Vous savez avec quel empressement je saisis toutes les occasions de faire connaître à la garde nationale combien j'apprécie ses services et son zèle, ainsi que ceux de son digne chef et de l'état major, qui le seconde si bien. Le maintien de la garde nationale, sa bonne organisation, les excellents exemples qu'elle a toujours donnés, sont à la fois des gages de sécurité pour la France et le meilleur moyen de déconcerter les tentatives odieuses que vous venez de vouer à l'exécration. C'est ainsi que nous nous préserverons de tous les maux que des ambitieux insensés s'efforcent vainement de faire tomber sur notre chère patrie, que nous lui garantirons la conservation de tous les avantages dont elle jouit, et de cette prospérité qui est le résultat du respect des lois et du maintien de nos institutions, ce précieux dépôt que la France m'a confié, et que je défendrai avec vous jusqu'à la mort.

DISCOURS DE M. LE COMTE PORTALIS,
PREMIER PRÉSIDENT DE LA COUR DE CASSATION.

Sire,

C'est avec un vif saisissement que les magistrats de la Cour de cassation, en descendant avant-hier de leurs siéges, où ils venaient, en votre nom, de rendre la justice aux citoyens, ont appris le nouvel attentat qui avait mis en danger les jours précieux de Votre Majesté.

Qui ne serait pénétré, Sire, d'une profonde tristesse, en songeant qu'il ne s'est pas encore écoulé un an depuis les détestables assassinats du 28 juillet, et que déjà un fanatisme aveugle et implacable a ressaisi ses armes homicides !

Triste effet du désordre des idées, et de l'abus de ces doctrines funestes, qui, corrompant jusqu'au principe dont elles émanent, tendent à rendre insupportable aux peuples le pouvoir même qu'ils ont confié, et transforment chaque individu en juge souverain des autorités et des lois !

Toutefois, Sire, les odieuses tentatives dont Votre Majesté est l'objet ajoutent, contre l'intention perverse de leurs coupables auteurs, une nouvelle énergie aux sentiments de vénération et de reconnaissance que vous portent tous les bons Français, et resserrent les liens qui vous unissent à la patrie. Comment, en effet, chaque nouvelle convulsion du crime ne rendrait-elle pas la conservation de votre personne auguste plus chère aux citoyens, lorsqu'elle leur démontre avec plus d'évidence que les ennemis acharnés de notre ordre social attaquent surtout dans Votre Majesté le principe conservateur de la monarchie constitutionnelle, et que c'est pour nous avoir sauvés d'eux et de leurs doctrines inapplicables qu'ils veulent vous perdre ?

Mais, Sire, ils ne parviendront pas à précipiter le pays dans l'anarchie par le régicide, et dans l'anéantissement par l'anarchie : nous en avons la ferme confiance. A l'horreur que nous inspire ce dernier crime, se joint, par un mélange indicible, un sentiment puissant de consolation et de joie. Non, Sire, la France ne descendra point du haut rang où elle est placée parmi les nations. La Providence divine, qui, encore cette fois, a écarté le plomb meurtrier de votre noble front, ne retirera point sa main. Vous continuerez l'œuvre de votre sagesse ; l'amélioration journalière du sort des classes peu fortunées de la société ; et une distribution plus égale de l'instruction, cette première nécessité des peuples civilisés, réduiront le fanatisme politique à s'éteindre dans l'isolement. La France se protégera elle-même par l'union de ses citoyens et leur dévouement à la sainte cause du Trône, de la vraie liberté et des lois.

En attendant, puisse, Sire, le concert des acclamations publiques arrêter la contagion d'un affreux délire, et désormais épargner au cœur sensible de cette auguste compagne de votre vie, qui a vu de si près votre dernier péril, et dont les vertus angéliques auraient dû seules arrêter un bras criminel, à votre royale famille, et à nous tous qui vous entourons de nos vœux et de nos hommages, de trop cruelles épreuves !

RÉPONSE DU ROI.

J'accepte de tout mon cœur l'augure que vous me donnez : c'est la meilleure consolation que je puisse éprouver de la douleur que me cause le renouvellement de ces déplorables attentats. Non, la France, comme vous le dites, ne déchoira point du haut rang qu'elle occupe parmi les nations, et ces odieuses tentatives, en faisant éclater de toutes parts l'horreur qu'elles inspirent, donneront une nouvelle force, donneront la force qui résulte de la conviction, aux efforts de tous les bons Français pour réprimer les coupables manœuvres de ceux qui travaillent sans cesse à plonger le pays dans l'agitation, dans le trouble et dans la douleur. Fort de la confiance et de l'affection de la nation, je continuerai à servir de rempart aux libertés publiques, à défendre la monarchie constitutionnelle, et à garantir à la France la jouissance de cette sécurité et de cet ordre public qui est la base de sa grandeur et de sa prospérité. Espérons que ces détestables actes, si contraires à la générosité dont notre nation s'est énorgueillie dans tous les siècles, ne seront plus reproduits, et qu'il n'en restera dans nos annales qu'un enseignement chèrement acheté sans doute, mais qui servira au moins à éclairer les hommes sur leurs véritables intérêts. Puissent ces tristes exemples tarir dans leur source ces funestes doctrines, ces malheureuses théories qui troublent tant de têtes, et que vous avez si bien caractérisées! Je me joins à vous pour remercier la Providence d'avoir conservé mes jours. Ils sont depuis longtemps consacrés à ma patrie, et le danger auquel je viens d'échapper ne sera qu'un nouveau stimulant pour me dévouer tout entier à assurer son repos, son bonheur et sa prospérité. La Reine et toute ma famille se joignent à moi pour vous remercier des sentiments dont vous nous entourez.

M. le comte de Portalis. Sire, c'est la Cour de cassation toute entière qui s'est rendue auprès de Votre Majesté.

Le roi a repris : J'en suis bien touché, et je vous remercie, Messieurs, de cette nouvelle preuve de vos sentiments pour moi.

DISCOURS DE M. LE BARON PELET (DE LA LOZÈRE),
MINISTRE DE L'INSTRUCTION PUBLIQUE, AU NOM DU
CONSEIL ROYAL.

Sire,

Le Conseil royal de l'instruction publique a éprouvé le besoin, dans cette douloureuse circonstance, d'exprimer à Votre Majesté son horreur pour le crime tenté contre elle, et sa reconnaissance pour la protection divine qui en a détourné l'effet. La postérité s'étonnera qu'un prince si doux ait pu être en butte à une telle fureur. Nous voudrions pouvoir, Sire, consoler votre cœur par les témoignages de notre dévouement et de notre affection, la France entière sera profondément touchée des peines de votre auguste famille, si digne d'un meilleur sort. Nous nous efforcerons, Sire, de les adoucir, et de préparer à Votre Majesté et à la patrie, par l'éducation de la jeunesse, un plus heureux avenir.

RÉPONSE DU ROI.

Je vous remercie de tous les sentiments que vous venez de m'exprimer. Oui, sans doute, et j'aime à m'en flatter avec vous, l'éducation de la jeunesse peut nous fournir des moyens précieux pour prévenir le retour de ces déplorables attentats ; car il ne faut pas se le dissimuler, c'est la fausse direction dans laquelle se trouvent entraînées tant de jeunes têtes qui crée ces ambitions insatiables, qui les détourne des occupations utiles, et qui forme cet ensemble de chimères et d'immoralités, d'où jaillissent ensuite tant de désappointements, tant de malheurs et tant de crimes ! J'espère que, dans vos mains, l'éducation publique continuera à s'améliorer ; je vois avec plaisir les efforts que vous faites pour y parvenir, et vous pouvez compter sur les miens pour vous seconder.

DISCOURS DE M. BARTHE,

PREMIER PRÉSIDENT DE LA COUR DES COMPTES.

Comment exprimer, Sire, les sentiments qu'a fait naître en nous ce dernier attentat ? Nos institutions raffermies, la prospérité publique se développant chaque jour davantage par l'ordre et le travail, la paix du monde consolidée ;

voilà ce que nous devons à vos vertus, à votre sagesse, à votre patriotisme.

Mais pendant que vous veillez sur les destinées du pays, vos titres à l'amour des Français font le désespoir de quelques imaginations dépravées : c'est la monarchie, Sire, ce sont nos institutions et nos libertés, c'est la France, dont le bonheur occupe chaque instant de votre vie, qu'on a voulu frapper en votre personne. Ainsi, dans les préméditations du crime, les causes de ses horribles préférences, ce sont vos bienfaits pour la patrie.

Sire, la Reine votre épouse, ce modèle si noble et si pur de toutes les vertus ; une sœur si digne de votre affection et de nos respects étaient là, et l'assassin ne s'est pas arrêté! En voyant se renouveler de tels attentats, à l'aspect d'une si épouvantable persévérance, l'âme est navrée, et ne peut se défendre d'un instant d'abattement; mais une conviction profonde nous anime. Sire, c'est au travers des périls personnels les plus grands, et en faisant admirer par le monde entier ce calme inaltérable d'une conscience pure, qu'il vous a été donné de faire le bonheur de la France en consolidant ses institutions : vous accomplirez jusqu'au bout cette mission de paix, de civilisation, de grandeur; j'en atteste votre existence deux fois en un an si miraculeusement protégée. Jamais, Sire, aucun roi, ami et bienfaiteur du peuple, n'aura eu de plus cruelles épreuves à traverser ; aucun n'aura fait plus de bien, ni inspiré plus d'amour et de reconnaissance.

RÉPONSE DU ROI.

Les sentiments que vous me témoignez sont ma consolation. L'indignation générale que fait éclater ce dernier attentat, le deuil encore récent dans lequel nous avait plongés celui de l'année dernière, tout me porte à espérer, avec vous, que ces déplorables exemples serviront aux hommes d'autant de flambeaux pour les éclairer sur leurs véritables intérêts, autant que sur leurs véritables devoirs, et pour placer aux yeux de tous, dans leur véritable jour, ces détestables doctrines, qui transforment en une monstrueuse admiration l'horreur naturelle du crime et de l'assassinat. C'est ainsi que des hommes que leurs talents et leurs bonnes dispositions destinaient à honorer leurs familles, à y vivre heureux, à servir leur patrie par d'utiles travaux, perdent tous ces avantages par leurs égarements, et deviennent des fléaux pour l'humanité. J'aime à espérer avec vous que le nombre, heureusement restreint, de ces imaginations dépravées, diminuera encore de jour en jour; mais, quoi qu'il en soit, rien ne ralentira mon zèle et mes efforts pour garantir à mon pays la jouissance de tous les biens qu'il possède aujourd'hui. Je suis heureux et fier de la confiance que la nation a placée en moi; cette confiance ne sera point déçue, et ma vie entière sera consacrée à y répondre.

Je vous remercie des sentiments que vous me témoignez pour la Reine et pour ma sœur. La Cour des comptes connaît ceux que je lui porte, et c'est toujours avec plaisir que je reçois, par votre organe, l'expression des vœux qu'elle forme pour ma famille et pour moi.

DISCOURS DE M. LE PRÉSIDENT LEPOITEVIN,

AU NOM DE LA COUR ROYALE DE PARIS.

SIRE,

Le nouvel attentat dirigé contre les jours de Votre Majesté a frappé votre Cour royale d'épouvante et d'indignation. La bonté, la clémence, l'exemple de toutes les vertus, l'aspect de la félicité, ne peuvent donc désarmer le bras des factieux, et les meilleurs princes seront donc toujours les plus exposés aux coups des assassins!

Dans ma carrière si longue, et traversée de tant d'événements, je n'ai jamais vu ni tant de persévérance et de lâcheté dans une aveugle haine, ni tant d'intrépidité et de sang-froid dans le danger. Mais la Providence nous montre qu'elle veut achever son ouvrage; elle continuera de veiller sur vos jours précieux et de vous protéger de sa main miraculeuse.

Qu'elle exauce nos vœux, Sire, et qu'elle vous conserve pour le salut de la France et pour le bonheur de votre auguste famille !!!

Les magistrats de votre Cour royale déposent aux pieds de Votre Majesté l'expression de leur douleur et l'hommage de leur respectueux dévouement.

RÉPONSE DU ROI.

Je suis bien aise que vous ayez été réservé pour m'exprimer ces sentiments. Vous voyez que j'avais raison lorsque, le 1er mai, je vous disais que je vous reverrais encore. Je le désirais bien vivement, mais je ne m'attendais pas que ce serait dans une circonstance aussi pénible. Mon cœur est navré de douleur quand je vois cette générosité qui distingue notre nation si lâchement désertée par des misérables dont l'ambition déçue a tourné la tête. Puissions-nous préserver les hommes de ces déplorables et dangereuses aberrations ! Que chacun apprenne à être content du sort qui lui est réservé, et la nation jouira en paix des avantages que le ciel lui a départis. Je m'unis à vous pour remercier la Providence d'avoir conservé mes jours, et je vous remercie des vœux que vous m'offrez au nom de la Cour royale.

DISCOURS DE M. LE COMTE DE RAMBUTEAU,

PRÉFET DE LA SEINE.

SIRE,

Le corps municipal de la ville de Paris vient offrir à Votre Majesté ses respectueuses félicitations. Grâces soient rendues à la Providence. Vous avez échappé à un attentat dont toutes les familles de cette grande cité ont frémi comme d'un danger et d'une douleur personnelle.

Paris vous aime, Sire, comme le représentant de la sage révolution de juillet, comme le gardien de tous les droits : confiant dans votre gouvernement, tous se livrent à l'espérance et au travail. Les esprits se calment, les cœurs se rapprochent en bénissant votre sagesse et la prospérité inouie du royaume.

C'est parce que vous êtes la fortune de la France, que les hommes d'anarchie se sont élevés contre vous. En vous frappant, Sire, ils frapperaient au cœur cette grande nation. Ils en veulent à sa liberté, à sa gloire, à ses richesses : ils seront déçus dans leurs projets. Paris doit compte à la France du dépôt confié à son patriotisme ; Paris se serrera autour du chef de la grande famille. *Dieu sauve le Roi!* est le cri de tous les citoyens, comment ne serait-il pas exaucé?

Les prières de la Reine ne seront point stériles, et s'il lui a été donné comme à votre noble sœur d'être témoin du salut du Roi, si leurs nobles cœurs ont été brisés par cette cruelle épreuve, c'est que le présent doit être garant de l'avenir, c'est que longtemps encore elles seront chargées de payer à Votre Majesté la dette de la France par le bonheur de votre royale famille.

RÉPONSE DU ROI.

Je vous remercie des sentiments dont vous m'apportez l'expression ; et j'aime à m'adresser à vous pour faire connaître à la population de Paris ceux qui m'animent pour elle. Depuis le malheureux attentat que nous avons à déplorer, les marques d'affection que j'ai reçues de toutes parts ont pénétré mon cœur. Elles font la consolation de la Reine, de ma sœur et de toute ma famille. Je vous l'ai déjà dit bien des fois : né dans la ville de Paris, élevé dans son sein, je lui ai toujours porté une affection particulière. Je regrette bien amèrement de la voir de nouveau le théâtre de ces odieux attentats; mais j'espère avec vous qu'ils ne se renouvelleront plus, et que la sensation publique dont ils ont provoqué la manifestation d'une manière si frappante, détournera les misérables égarés par tant d'idées erronées et perverses, de la poursuite de leurs détestables projets. Investi de la confiance de la nation, je n'ai jamais oublié que mon premier devoir était de leur résister, et de repousser tout ce qui pouvait compromettre le précieux dépôt que j'ai juré de garder. Je continuerai donc à le défendre avec la même vigueur, quels que soient les dangers que je puisse courir, et aucun poignard ni aucune balle ne m'en fera dévier. Soutenu par votre assistance et par votre concours, le succès couronnera nos efforts, et la France sera maintenue dans la jouissance de cette sécurité, de cette liberté, de cette protection complète de tous les intérêts, qui fait à la fois son bonheur et le désespoir de ces pitoyables ambitieux qui se flattent toujours de trouver la fortune et les richesses dans les bouleversements qui les anéantissent toutes. Espérons que l'utile expérience de leur impuissance leur fera abandonner ces détestables rêves! Quant à moi, qui n'ai d'autre ambition que d'assurer le repos et la prospérité de mon pays; mes jours, miraculeusement conservés, continueront à lui être consacrés, et je trouverai mon bonheur dans cette affection et dans ces sentiments dont je reçois aujourd'hui de si doux témoignages.

DISCOURS DE M. DEBELLEYME,

PRÉSIDENT DU TRIBUNAL DE PREMIÈRE INSTANCE DE LA SEINE.

Sire,

Dans une année, la Providence a deux fois consacré par une protection spéciale votre légitime puissance et votre noble dévouement. Notre reconnaissance est grande comme le bienfait; mais nous ne voulons pas d'une douleur stérile. *Vive le Roi!* est le cri de la France; c'est le salut de tous, et la persévérance du crime impose le devoir d'en rechercher, d'en éteindre toutes les causes. Notre devoir, Sire, est de renouveler l'hommage de notre fidélité au Roi et aux princes de sa maison. Puisse l'expression de notre douleur et de nos respects être agréable à votre royale famille, que le ciel a soumise à cette cruelle et dernière épreuve; c'est le vœu de tous les Français.

RÉPONSE DU ROI.

Je suis bien touché de l'expression de ces sentiments. Vous m'avez appris depuis longtemps à compter sur les magistrats qui composent le tribunal de première instance de la Seine. Je m'unis à vous pour remercier la Providence d'avoir conservé des jours qui peuvent encore être utiles à la France. Je vous remercie des vœux que vous m'offrez pour ma famille et pour moi.

DISCOURS DE M. SAUZET,

GARDE-DES-SCEAUX, AU NOM DU CONSEIL D'ÉTAT.

SIRE,

Après le nouveau péril qui a menacé la patrie, le Conseil d'état éprouvait le besoin de vous revoir, et de s'associer aux sentiments de cette France qui voudrait se presser tout entière autour de votre personne sacrée.

Sire, ce sont les meilleurs rois, les rois les plus nécessaires à leurs peuples que l'assassinat poursuit. Ce qu'il attaque en vous, ce sont vos vertus, c'est votre magnanimité qui entraîne les cœurs, c'est votre sagesse qui domine les événements. Le crime vous hait, Sire, parce que votre royauté est conservatrice et nationale tout ensemble, parce que vous êtes pour les rois et les peuples le symbole vivant de la paix, de la liberté et de la prospérité publique.

Oui, Sire, en s'attaquant à vous, le crime a engagé une lutte impie contre l'amour des peuples et contre cette protection divine qui vient encore d'éclater si visiblement pour le salut de la France. N'en doutons pas, Sire, la Providence persévérera dans ses desseins, elle ne manquera pas à la France, et tous nous seconderons ses bienfaits par notre dévouement. Oui, tous, chacun dans les devoirs de sa situation, nous consacrerons à cette noble tâche nos veilles, nos efforts, notre vie. Tous, nous ressentons les angoisses de cette royale famille, à qui on fait expier par de si cruelles épreuves le bonheur de vous appartenir. Sire, nos sollicitudes sont filiales comme les siennes, car elles s'attachent au père de la patrie.

RÉPONSE DU ROI.

Je suis bien touché des vœux et des sentiments dont le Conseil d'état m'apporte l'expression par votre organe. Si je suis profondément affecté par les attentats que nous avons à déplorer, j'avoue que je m'énorgueillis de pouvoir reconnaître avec vous que c'est parce que je suis le rempart des libertés et des institutions de la France, que les balles des assassins ont été dirigées contre moi. Je m'honore d'avoir fait sentir à tous les perturbateurs du repos public que, fort de la confiance de la nation, de l'appui de tous les bons citoyens, de celui de la garde nationale et de l'armée, du concours des Chambres et de tous les corps de l'État, je saurais toujours les renfermer dans l'impuissance à laquelle nous les avons si heureusement réduits, et que, tant qu'il y aurait vie en moi, c'était en vain qu'ils s'agitaient pour faire réussir leurs détestables projets. Ces projets ne sont rien moins qu'un bouleversement général, et la destruction de l'ordre social ; c'est une trame ourdie contre l'humanité tout entière dans le vain espoir de s'enrichir au milieu de la ruine de tous. Tel est le véritable but et le résultat certain de ces théories insensées qui égarent ceux qui ont le malheur de s'en laisser séduire. Réunissons tous nos efforts pour préserver notre jeunesse de ces dangereuses illusions. Tâchons de

lui faire apprécier de bonne heure les avantages
dont la France jouit aujourd'hui. Les fonctions
que vous êtes appelés à remplir, placent dans vos
mains cette balance qui doit à la fois protéger les
citoyens contre les abus de pouvoir de l'autorité,
et garantir à l'autorité cette indépendance d'action
qui serait trop souvent paralysée, si ses dépositaires
n'étaient pas protégés contre d'injustes prétentions.
C'est ainsi que vous m'aiderez à conserver à la
France les bienfaits d'une sage et véritable liberté,
et que nous la préserverons du danger de ces uto-
pies qui ont produit tant d'illusions.

9 782012 480346